Elevator Pitch Eficaz

¿Cómo lograr entrevistas, cerrar tratos, o vender tu idea en 60 segundos?

Elevator Pitch Eficaz

¿Cómo lograr entrevistas, cerrar tratos, o vender tu idea en 60 segundos?

Aprende a impactar para conseguir tu oportunidad

Daniela Fiori Lehr

Reservados todos los derechos, queda prohibida bajo las sanciones establecidas en las leyes la reproducción parcial o total de esta obra por cualquier medio o procedimiento.

1era edición junio 2020 by Daniela Fiori Lehr
ISBN: 9798654205452
Editado por Sales Talent Readers
www.salestalentacademyweb.com
info@salestalentacademyweb.com

El papel utilizado para la impresión de este libro es cien por cien libre de cloro y está calificado como papel ecológico.

Para Luca, Stefano y Alejandro que hacen que mis días tengan sentido.

Índice

Sobre la autora 9

Introducción 11

Capítulo 1 - Cómo lograr entrevistas de ventas desarrollando tu Elevator Pitch 16

Capítulo 2 - Como hacer un Elevator Pitch que enamore al inversor 40

Capítulo 3 - Como preparar un Elevator Pitch eficaz 52

Capítulo 4 - Elevator Pitch para emprendedores 64

Capítulo 5 - Aprende a vender lo que vales en 60 segundos 76

Capítulo 6 - Adapta tu Elevator Pitch a cada situación 86

Capítulo 7 - ¿Como convencer a los demás de lo que sea? 92

Capítulo 8 - Como tener la atención y persuadir a tu público 100

Capítulo 9 – Pasos para elaborar un Elevator Pitch atractivo de tu empresa o servicio 110

Conclusión 112

Sobre la autora

Daniela Fiori Lehr es Licenciada en Ciencias empresariales por la Universidad de Buenos Aires, Retail & Sales Coach, además de Coach Ejecutivo y de Equipos de alto rendimiento.
Estudio Psicología Positiva en la Universidad de Pennsylvania y Neuromarketing y Neurociencia en la Copenhagen Business School, también es PNL Master Practitioner y Mindfulness Master Practitioner.

Se formó con los mejores profesionales sobre el poder de la mente y las emociones, y es autora de varios libros de Desarrollo personal, Ventas y Coaching.

La finalidad de este libro es explicar cómo trabajar tu Elevator Pitch para que puedas adaptarlo a diferentes públicos y situaciones, tanto si hablas con colegas, clientes, posibles inversores, o un potencial empleador. Verás cómo funciona tu Elevator Pitch en una amplia gama de situaciones, desde presentar oportunidades de inversión hasta lanzar acuerdos y conseguir entrevistas de trabajo.

Simplifica, di menos, impacta con un Elevator Pitch eficaz ¡y consigue tu oportunidad!

¿Estas listo?
¡Esperamos que este libro te sea de ayuda!

Introducción

¿Qué es un Elevator Pitch?

Elevator Pitch es un anglicismo que se utiliza para denominar al discurso de presentación sobre un proyecto, idea o emprendimiento, ante potenciales clientes o inversores. Está dirigido a un tipo de interlocutor que busca proyectos y emprendedores con ideas claras y sintéticas para tomar una decisión, no se trata de un discurso de venta, y su nombre se debe al poco tiempo empleado para utilizarlo, comparable al tiempo que solemos tener en un viaje en ascensor. Su objetivo principal es posicionar la imagen del candidato, empresa o producto, se trata de una herramienta muy importante al momento de vender nuestra idea y tratar de lograr una entrevista.

Un Elevator Pitch debe condensar un mensaje que llame la atención de nuestro interlocutor en pocos segundos, obteniendo como resultado una próxima entrevista o reunión con esa persona para una fecha próxima.

Este concepto se creó alrededor de los años 80 por Philip B. Crosby y se popularizo en el ámbito de los negocios en los años 90. Hoy en día se utiliza ampliamente en el mundo empresarial como herramienta estratégica para lograr nuevos negocios y contrataciones.

¿Cuándo fue la última vez que tuviste la oportunidad de presentarte ante alguien?

¿Cuándo fue la última vez que tuviste la oportunidad de presentarte ante alguien, y cuando te pregunto a qué te dedicas te tomaste uno o dos minutos para tratar de explicarle a qué te dedicas y al final de cuentas no te entendió absolutamente nada?

Ocurre más seguido de lo que tú crees y si te ha sucedido no eres el único, pero hay una forma en la que tú puedes lograr captar la atención y ganar una posible entrevista de negocios en tan solo 60 segundos, este libro te enseñará a vender tu idea, tu curriculum, o tu servicio y te permitirá aprender a presentarte de manera efectiva en 60 segundos.

Capítulo 1

Cómo lograr entrevistas de ventas desarrollando tu Elevator Pitch

Capítulo 1 - Cómo lograr entrevistas de ventas desarrollando tu Elevator Pitch

En un Elevator Pitch los emprendedores suelen tener un minuto o un minuto y medio como máximo para lograr convencer a los posibles inversores, vender un servicio, o un producto.

El pitch de venta es muy importante, la idea es que tú en menos de dos minutos puedas vender tu idea a una persona que no conozcas, que tú seas capaz de vender tu proyecto o tu idea a cualquier persona, puede ser el presidente de la compañía para la que trabajas, un ministro, un posible inversor o un desconocido.

La pregunta es: ¿Qué le dices, que haces?

La mayoría de las personas se quedan bloqueadas y pierden la oportunidad, o comienzan a hablar sobre temas irrelevantes: el tiempo, el deporte, como mucho les saludan, desaprovechado la única oportunidad que tienen de lograr que ese desconocido les dé una entrevista de trabajo o de negocios. Lo que aprenderemos con este libro es que en 60 segundos tú seas capaz de atraer su atención para que te quedes tú y tu idea en su mente, y esto no es fácil porque ¿Cuántas personas como tú habrá visto en el día?

Todos los candidatos, emprendedores, consultores estarán tratando de quedar de manera memorable en la mente de ese inversor potencial, futuro empleador o cliente, pero pocos son quienes lo logran, con la técnica que veremos en este libro lograremos que te recuerde de forma memorable, que te dé una cita/entrevista, que te de su tarjeta y que tú puedas obtener una segunda oportunidad en donde tú ya vas a poder estar en frente y presentarle en profundidad tu negocio, tu idea o servicio. Esta es una buena herramienta tanto si eres vendedor, emprendedor o si trabajas en marketing, ya que es muy importante saber vender tu idea.

Supongamos que estas en una fiesta, tu no vas invitado por invitado presentándote y ofreciendo tus servicios, hay otras maneras.

En medio de la fiesta no hablaras con los invitados de precios y beneficios salvo que la otra persona te dé pie y te diga abiertamente: "cuéntame más"

La idea es ser sabio, inteligente, prudente y audaz para decirle algo de una forma estructurada y que él te diga: "me interesa" hablemos, quedemos en tal fecha. Eso es el Elevator Pitch.

Hagamos un primer ejercicio, al que te pido respondas sin pensar.

-Hola, ¿a qué te dedicas?
Ejemplo, (aquí respondes tú) pero supongamos, -Soy consultor de marketing, y trabajo con pequeñas empresas.

Generalmente cuando preguntamos a las personas a que se dedican nos dicen soy ingeniero, soy abogado, soy vendedor, suelen mencionar su producto o su oficio, vendo seguros de vida etc.

Está demostrado que si no llamas la atención del cerebro, en los primeros 30 segundos el cerebro que hace? Se cierra, escuchamos solo selectivamente.

Es por ello por lo que necesitamos impactar al cerebro con frases que lleven a la emoción.

Cuando una persona necesita responder a que se dedica, muchas personas responden con su profesión o su lugar de trabajo, pero en realidad no están diciendo "quienes son"

¿Quién eres?

El Elevator Pitch te ayuda a que en pocos segundos puedas decir a tu interlocutor quién eres, que te apasiona, que es lo que te mueve, porque estás dispuesto a dejar todo de lado con tal de lograrlo y que además, te dedicas a algo, vendes algo o diseñaste algo para ayudar a facilitar la vida de los demás.

Cuando te preguntan a qué te dedicas, y no estás bien preparado para contestar vendiendo tu idea o proyecto, es donde aparecen los miedos.

Estas en una fiesta, y conoces a uno de los empresarios más importantes de tu país, te lo presentan y él te pregunta ¿a qué te dedicas?

A tu mente solo viene el miedo, ¿Qué tipo de miedo es ese? El de no ser suficientemente interesante para la otra persona, ¿Que podre decir?

En el momento en que alguien te pregunta a que te dedicas, debes quitarte las etiquetas que otros y tú mismo te has puesto, olvidarte del miedo, respira profundo y contesta con energía compartiendo todo lo que tú eres.
Pero es importante reconocer que hay miedos. Hay personas que tienen pánico para hablar, miedo a cómo serán evaluados, a cómo serán observados, miedo a equivocarse, miedo al rechazo, al desorden, hay muchos miedos y es necesario eliminarlos.
Cuando alguien te dice: -Hola, ¿Como estas? ¿A qué te dedicas? Debes recordar que te está invitando, no tenemos que comunicarnos de una manera complicada, hay personas que se hacen un nudo y cuando comienzan a hablar nos cuentan datos estructurados que el cerebro necesita procesar.
El cerebro necesita un llamado de atención, que invite a la acción de manera muy sencilla, es por ello por lo que debemos comunicar de forma sencilla, consiente y memorable.

Ejemplo, "Hola me llamo María, y me dedico a devolverle la sonrisa a las personas.

El modelo del Pitch no es casual, empezó de forma casual pero tiene su base en la Neurociencia, si cuando te preguntan a qué te dedicas comienzas a contar la historia de tu vida, en pocos segundos el cerebro de la persona que te escucha desconectará, y se pondrá en modo invernación.

Cuando conoces a una persona que podría ser importante para tu negocio, o tu idea y te pregunta a que te dedicas, se dispara en ti la adrenalina, estas expuesto.

Por eso, para trabajar la técnica del Elevator Pitch le hablaremos al cerebro reptiliano, que se trabaja en las Neuroventas, trabajaremos con el cerebro límbico donde están las razones y después a las emociones.

Iremos de lo intuitivo, a la emoción y por último a la razón, esa es la manera en la que se construye un Elevator Pitch para que sea fuerte.

El dialogo de ventas (Pitch)

Es un modelo que organiza tus pensamientos para presentarte y generar en otros una reacción para lograr resultados.

Al final de cuentas, el dialogo de ventas es un modelo que lo que hace es organizar tus ideas para que hagas una reacción muy rápida, eso es el modelo del Pitch de ventas, no es otra cosa que organizar bien tus ideas, lo que tú ya sabes, solo que allí estará organizado y tiene 4 partes o 5, la primera es que declaras una visión a futuro.

Primero hablaras de algo que se extiende de ahora hacia el futuro, es muy importante que involucre a las otras personas.

Cuando nos preguntan a qué nos dedicamos, si respondes: - "me dedico a hacer sonreír a las personas" quién te escucha puede pensar. ¿Y a mí qué me importa?

Se quedan con la sensación de que no has dicho gran cosa, el diálogo de ventas tiene que llevar las necesidades de la persona (tu interlocutor) a eso que tú ofreces, por eso tú en el Elevator Pitch primero le hablaras al cerebro reptil, si tu Elevator Pitch no logra incorporar a la otra persona te quedarás en un limbo que no se termina de definir, por ejemplo, "me dedico a mejorar la calidad de vida de las personas" ¿Cómo crees que podría continuar ese pitch?

¿Qué podrías incorporar? Involucra a la otra persona que te está escuchando, habla al cerebro reptil, pregúntale directamente ¿cómo es tu estilo de vida habitual? o puede ser más agresivo y preguntarle: ¿Estás conforme con tu estilo de vida? esta última pregunta es agresiva así que cuidado, pero dejará pensando y captará la atención de tú interlocutor.

Suponte que estás frente a un cliente potencial, ¿Cómo lo involucrarías en tu Elevator Pitch?
Por ejemplo, "Mi negocio es brindar seguridad a las personas en el área de mantenimiento y eso te puede beneficiar"

Aquí llegados a este punto debes hacerle a tu interlocutor una pregunta que lo involucre, del tipo: ¿Te gustaría ahorrar tiempo de trabajo?

Importante, nunca utilices la palabra "creo" creo que puedo ayudarte a ganar tiempo. Nunca utilices la palabra creo, esa palabra está en un futuro improbable, es una comprobación que no se debe utilizar.

Veamos otro ejemplo, "Me dedico a devolverles la sonrisa a las personas" ¿Estás contento con tu sonrisa?

Es un pitch muy reptiliano, o me gusta o me incomoda, en tu pitch "venta siempre" si ese es tu objetivo final, no pierdas la oportunidad, debes involucrar al otro, intenta llevar sus necesidades a tu terreno, en el ejemplo anterior nunca le preguntaríamos a nuestro interlocutor cuántas veces te lavas los dientes al día, lo que intentamos es generar confianza y un llamado a la acción, ese llamado a la acción lo vemos aquí.

Tú pitch puede ser correcto porque has declarado tu visión, has involucrado a la otra persona, has construido confianza, pero si fallas en el llamado a la acción todo lo demás falla. Y habrás tirado tu pitch a la basura, tienes que hablarle al cerebro reptiliano, tienes que intentar cerrar la fecha de una entrevista.

En esos 60 segundos intenta cerrar otro encuentro, ¿Cuándo vendrás a mi consulta? intenta cerrar con un día concreto, o lo que es más agresivo, dile: "te espero en mi consulta el martes" cierra, llama a la acción, el cerebro tiende a reaccionar de manera positiva, lo peor que te puede decir es "No" y el no ya lo tienes, y también hay maneras de responder a un posible no.

Para que tu pitch de venta sea eficaz debes hablarle a la conciencia, dale datos que despierten sus emociones, ejemplo ¿Sabías que en esta ciudad hay miles de niños que caminan descalzos por la calle? eso es inaceptable.

La otra persona se verá obligada a responderte, ve pensando dentro de tu área, producto, o servicio esta idea, ¿Qué pregunta de este tipo podrías hacer al cerebro de tú interlocutor que esté ligada a tu producto, servicio o idea?

En un papel comienza a estructurar tu dialogo de venta (Pitch)

¿Qué diría mi Elevator Pitch?
Contexto – atención! - ¿Sabías que …? (relacionado a mi producto, idea o servicio)
Idea - Aquí esta!
Funcionamiento - Así lo hago!
Beneficios – Aquí hay algo para ti!
Acción - Hagamos esto…"

¿Sabías que…?
¿Sabías que hay niños que… ¿Sabías que los riesgos …?
¿Sabías que cada día hay accidentes de trabajo que afectan a una familia completa...
¿Sabías que la mitad de las personas no sonríen abiertamente porque les da vergüenza su sonrisa…?

Contexto y acción, es donde vas a estar hablando de tu tema y es donde lo vas a llevar a tu terreno, y hablarás al cerebro reptil, luego viene la idea, …, .me dedico a ayudar a las personas a qué …

Soy odontóloga, Soy maestro, después continúas diciéndole cómo funciona, recuerda que tu Elevator Pitch debe durar no más de 60 segundos, nunca digas "voy a crear" "me gustaría" tienes que hablar siempre de forma asertiva, y dándolo por hecho, habla de beneficios y termina con un llamado a la acción. "hagamos esto", "veamos una tarde la próxima semana 30 minutos, ¿Cómo está tu agenda? "dame tu tarjeta y te llamo mañana" "pásame tu teléfono que lo agendo"

Parece sencillo, pero la mayoría de los emprendedores y los vendedores no son capaces de escribir un buen Elevator Pitch con estos 5 elementos.

¿Serias capaz de escribir un Elevator Pitch que contenga estos 5 elementos?

Vamos a probar, imagina que un día entras en un ascensor y ahí está la persona que puede ayudarte a financiar y lanzar tu proyecto. ¿Qué le dices mientras van de la planta 0 a las 12? ¿Eres capaz de presentar la esencia de tu idea de una forma convincente? Esto es un Elevator Pitch y tienes 30 segundos (30 para llamar su atención y otros 30 para quedar con esa persona para una entrevista)

Imaginemos tus opciones, ¿Que le dices para romper el hielo?: - "Cuanto tráfico, hoy no pude coger el autobús..."

No, primer error, tu posible inversor no te conoce de nada, están allí por casualidad y no tienes más que 60 segundos, no le hables del tiempo, ni de tu vida, ve al grano, engancha desde el principio, dale datos impactantes.

Veamos ejemplos, ¿Sabías que 6000 niños mueren cada día por falta de agua pura, el agua es un derecho universal, muchos tienen que caminar 15 km sólo para obtener 20 litros de agua.
¿Sabes cuánto petróleo hace falta para hacer el maletín de llevas? sí para hacer una hamburguesa hace falta 1 litro y medio imagínate!
¿Sabías que en esta ciudad hay chicos que juegan al fútbol descalzos? Es inaceptable! Por ello he pensado en crear el proyecto Bravura"

No digas "he pensado", di que "lo has hecho", he creado el producto ...donde jóvenes como yo cuidamos....

Ve al grano, dile que quieres ayuda, por ejemplo, no puedes decir "un poco de contribución económica me iría bien" no, quieres financiación, buscas capital. Tienes que decirle para que, dile lo que vas a hacer con su ayuda, no digas que "intentarás" dile que vas a hacer, ejemplo "vamos a construir 20 casas..."

En el momento de tu presentación, el inversor no te va a dar el dinero, tu propósito es verlo de nuevo en una segunda oportunidad, por ejemplo no puedes decirle "Si quieres te doy mi teléfono" no, pídele su tarjeta, no le digas: "me podrías dar tu tarjeta y te llamo un día"

No, pide su tarjeta y dile: "Te llamaré mañana" concreta, se precisó.

Una conversación de ascensor es una oportunidad fantástica para venderte, si te encuentras en una situación así ¡Aprovéchala!

Ahora veamos algunos ejemplos de abordar con impacto,

-Hola, ¿A qué te dedicas?
- ¿Usted sabía que el 60% de los estudiantes abandonan la Universidad?

Otra forma de decirlo sería: ¿Sabías que tan solo el 37% de los estudiantes terminan la universidad? Y existe una manera de que tu formes parte de ese 37%

"Le propongo algo, si me da su tarjeta le llamo en tres horas, ahora tengo una reunión importante"
Ojo, aquí dijo un meta mensaje, "tengo una reunión importante". nunca hagan esto, están dando la sensación de que no puedo atenderte.

¿Qué te llama la atención de este tipo de pitch?

El porcentaje de los datos que dio, al no hablar de números redondos provoco la activación del cerebro.

El Elevator Pitch tiene como objetivo lograr una próxima reunión para ahí si poder ofrecer mi producto, o servicio en detalle. Tienes que lograr que te escuchen.
Muchas personas cometen el error de empezar el pitch ofreciendo el producto, "el que" Yo fabrico y vendo colchones, con técnica alemana porque quiero que la gente descanse.

Tienes que empezar con él "porque", no con el "que o como" –"Administro condominios, los edificios necesitan alguien que los apoye y lo hago porque me apasiona.

Cuando dices "administro condominios", es tu y 10.000 personas más, no estás diciendo nada memorable, empieza diciendo tu "por qué haces lo que haces".

Ejemplo, María ¿A qué te dedicas?
Me apasiona trabajar con personas y resolver sus problemas, manejo leyes de condómino y legales, soy consultora en Administración

¿Puedes ver la diferencia?
En lugar de empezar con las razones, empieza con los sentimientos, por ejemplo: ¿Cuántas personas conoces que tienen problemas con los otros propietarios de su comunidad de vecinos?
A mí me apasiona trabajar con esas personas y resolver sus problemas, manejo muy bien las leyes de condominio y tengo una consultora.
Cuando hablas de "tu porque" conectas con el corazón de quien te escucha.

Otro ejemplo, "Me encanta hacer felices a las personas, por lo que me dedico a devolverle las sonrisas, ¿Que tanto te permites que otras personas te vean sonreír?
Soy odontóloga, te espero el miércoles y te hago una revisión gratuita…

No hables de "si quieres" porque es un futuro que aún no existe, cierra un nuevo encuentro.
Tu porque, el "porque te dedicas a …" tiene que ser expresado de una manera atractiva, que le llame al cliente la atención.

¿Porque te dedicas a esto?

Un buen Elevator Pitch funciona también telefónicamente, si explicamos bien que tengo para ti y por qué.

Ejemplo, -Hola, ¿Qué tal? Soy Raúl Fernández.
Permítame que le haga una pregunta, ¿Cuándo fue la última vez que se quedó sin datos en internet?
¿Cuánto tiempo le costó reconectarse? Es frustrante cuando eso nos sucede, yo tengo un cambio de plan para ofrecerle que le permitirá…"
Nunca más volverá a quedarse sin datos, si tiene 2 minutos ahora puedo demostrárselo.

Si se trata de un Elevator Pitch telefónico, ¿Cual crees que sería la idea con la que se quedaría tu interlocutor luego de tu llamada?

La primera, es que después de muchas llamadas al día pocos o nadie lo ha llamado con un pitch así y la segunda "puedo llegar a tener problemas con mis datos en internet" en el pitch tienes que involucrar siempre a la otra persona y explicar el porqué. ¿Qué tan frustrado se sintió la última vez que se quedó sin datos? Yo sé lo que es, por eso….

Es como cuando cuentas una buena historia, como cuando tienes un buen Storytelling, pero eso te lo cuento en mi otro libro, Storytelling: ¿cómo contar buenas historias para vender? Que también encontraras en Amazon.

Sigamos con nuestro Elevator Pitch, si el cliente potencial al que quieres llegar no te atiende y debes pasar por un filtro que no es el cliente final, puede ser una recepcionista o alguien de logística, tienes que cambiar el foco de tu pitch inicial, pregúntate, ¿Cuál es la mayor preocupación que puede tener esa persona de logística que te está atendiendo con respecto a tu producto o servicio?

Pongamos un ejemplo, vendes motores, te atiende el de logística que no es quien decide, ¿Cual crees que es el costo de un motor que no funciona para alguien de logística? ¿Como lo afectaría?

Podrías preguntarle, ¿Cuándo fue la última vez que perdió tiempo de trabajo por un motor que no funcionaba? Háblale de tus garantías.
Tienes que estudiar cuales son las preocupaciones que puede tener tu interlocutor, aunque sea un filtro y el no decida la compra, y a esas preocupaciones tienes que apuntar.

Volvamos al ejemplo de la recepcionista,
En el caso de la recepcionista, podrías abordarla preguntándole, discúlpeme, ¿Sabría decirme cuantos accidentes de trabajo se han producido este año en su fábrica?
Automáticamente la recepcionista preguntara ¿Qué? ¿Perdone? ¿Con quién quiere hablar? Y ahí deberías decirle: "Le quiero comentar, me preocupa mucho la seguridad y tengo un producto que cuida y vela por la seguridad de las personas de mantenimiento. ¿Me puede comunicar con la persona encargada?

Lo más probable es que le arranques una sonrisa y acepte pasarte con el contacto que si decide la compra, o que te diga quién es, y cómo puedes contactar con él, pero ya no te dirá envié un correo y lo derivo. Sea como sea te dará la información y si se niega, puedes decirle: "En cuestiones de seguridad mejor tratarlo en persona, ¿Podrías decirme con quien tengo que hablar?

No es una receta mágica, pero tienes que probar y practicar tu Elevator Pitch, cuando eres genuino y hablas desde el sentimiento y el corazón abres puertas.
Practica varios Elevator Pitch, distintas versiones para cuando hablas con el cliente, o con un intermediario que no es el que decide.
Pide su tarjeta abiertamente, ¿Podría darme su tarjeta? Quiero contactarle para el martes.

Si tu solamente le ofreces tu tarjeta, estas dejando librado al azar que te llame o no, si tu das tu tarjeta pero pides abiertamente la tarjeta de tu cliente potencial estas creando una posibilidad.

Vamos con otro ejemplo,
Estas en una reunión y alguien viene y te pregunta, Daniela ¿Y tú a que te dedicas?

Yo podría contestar: "Bueno yo estudie Empresariales en la Universidad de Buenos Aires, y vengo de Argentina, llevo 15 años trabajando en Departamentos comerciales para multinacionales, soy Coach profesional...

A mí me gusta ayudar a las personas a que tomen mejores decisiones, la gente toma mejores decisiones cuanto mejor informadas están, por eso soy Coach formadora y es por eso por lo que doy clases en Sales Talent Academy, mi próximo webinar es el viernes a las 19hs. Etc.

Para un buen Elevator Pitch es importante conocerte, siempre tienes que empezar hablando del Ser, ¿Quién eres tú?, contesta desde tu ser, ¿Que te apasiona? pero ser concreto, directo y especifico, no cometas el error del pitch anterior, si quieres sacar un hueco en su agenda para lograr una entrevista, ve al grano, ¡No le cuentes tu vida!

Recuerda, empieza diciendo quién eres tú.

Si crees que para tu cliente potencial el precio de tu idea o producto será una objeción, ya en tu Elevator Pitch tienes que hablar de costos, ¿Cuál es el costo de un motor que no funciona? ¿Cuál es el costo para logística de ese retraso constante? ¿Cuándo fue la última vez que el de logística perdió tiempo por un motor que no funcionaba?

Inténtalo, practica tu Elevator Pitch, lo peor que puede pasar es que te digan que no, pero lo mismo también les interesa tu pitch y terminas ganando una entrevista con la persona indicada.

Capítulo 2

Cómo hacer un Elevator Pitch que enamore al inversor

Capítulo 2 - Como hacer un Elevator Pitch que enamore al inversor

Si estás pensando en levantar capital para tu empresa y tienes que enfrentarte a Business Angels, o bancos de inversión, el Elevator Pitch es tu mejor arma. Si no tienes claro cómo hacerlo efectivo, te daremos en este libro las herramientas para que lo hagas.
Como ya hemos visto el Elevator Pitch se trata de un discurso bien interiorizado cuyo objetivo es convencer a alguien de algo en un breve espacio de tiempo.

Cuando hablamos de Elevaror Pitch dentro de un ámbito emprendedor a lo que nos referimos comúnmente es al Investment Elevator Pitch con el que queremos convencer a un inversor para que se interese en nuestro proyecto, pero es cierto que convencer a un inversor en los pocos segundos que dura un viaje de ascensor es cuanto menos improbable,

Tenemos que entender este discurso como una primera aproximación para la consecución de nuestro objetivo, una aproximación en la que deberemos generar gran expectativa e interés para que el potencial inversor quiera conocer más, será en futuras reuniones cuándo podremos complementar nuestro pitch con información detallada que le permita tomar una decisión positiva a nuestro inversor.

Cuatro características efectivas de un elevator pitch

1. Conciso.

La duración de un discurso del ascensor no puede ser demasiado larga, se considera Elevator Pitch todas las presentaciones que están entre los 50 y los 90 segundos, dentro de esa franja dependerá de tu audiencia y el momento en la que te encuentres con ella.

No es lo mismo hacer un Elevator Pitch por asalto cuando te encuentres con ella en un evento de Networking, que hacer un Elevator Pitch en un auditorio delante de decenas de personas que han venido para escucharlo, en cualquier caso podríamos decir que para estas presentaciones menos es más.

2. Claro.

No es sencillo decir de que se trata nuestro negocio en unas pocas frases y además conseguir que suene atractivo a oídos de un inversor, es por ello por lo que en ocasiones intentamos endulzar nuestro Elevator Pitch con palabras vacías o conceptos enrevesados para intentar darle un aspecto más innovador, interesante o valioso, pero así no es como se hace un Elevator Pitch, utilizar toda esa palabrería solo puede llevarnos a conseguir un mensaje más confuso y difícil de entender o incluso poco serio.

3. Especifico.

A pesar de que nuestro Elevator Pitch debe mantenerse constante en líneas generales, siempre debe mantenerse adaptado a la situación y a cada receptor.

No es lo mismo presentar a un inversor en un ascensor que a 50 personas en un auditorio, tampoco podemos utilizar un mismo pitch para un inversor con profundos conocimientos técnicos de nuestro negocio, que para uno que no tiene estos conocimientos, en definitiva debemos preparar a la perfección nuestro Elevator Pitch pero también debemos aprender a modularlo según las condiciones de cada ocasión.

4. Sugerente.

De nada sirve presentar nuestra idea correctamente si esta no genera ninguna reacción en el receptor, es que un buen Elevator Pitch tiene que ser sugerente y tiene que invitar a la persona a querer recibir más información, ya hemos dicho que el objetivo del Elevator Pitch no es cerrar inmediatamente una inversión, el objetivo es lograr que los inversores se interesen para lograr posteriormente discutir el cierre de dicha inversión.

Los 5 elementos de un gran Elevator Pitch

El problema.
Uno de los elementos fundamentales de todo negocio es encontrar un problema que merezca la pena solucionar o en su defecto, mejorar la solución ya existente a dicho problema, si no consigues esto es muy probable que tu negocio no sea viable. Cuando exponemos nuestro Elevator Pitch debemos dejar claro cuál es el problema que vamos a solucionar, idealmente esto lo tenemos que hacer en la primera fase y en unas pocas palabras.

La solución.
Después de haber dejado claro cuál es el problema que queremos resolver tenemos que explicar cómo queremos hacerlo, es decir, tenemos que mostrar cual es nuestra solución, debemos simplificar al máximo la solución haciendo que sea fácilmente comprensible y a su vez, que demuestre porque es una mejora frente a otras alternativas existentes en el mercado.

El mercado.
¿A quién le estamos resolviendo el problema?

Muchos emprendedores tienden a pensar ingenuamente que el problema que resuelven lo sufre todo el mundo, pero la verdad es que en pocos casos es así y aun siendo así es importante que nos focalicemos en un grupo de early adopters delimitado, un dato de mercado realista le ayudará al inversor a ver el potencial de negocio y con ello podrá comprender la futura rentabilidad de su inversión.

El modelo de negocio.
Con los tres puntos fuertes sobre la mesa: problema, solución y mercado, solo nos hace falta explicar cómo se relacionan entre sí, es decir, cuál es el modelo de negocio, este apartado de nuestro pitch puede desaparecer en ciertas ocasiones si el modelo de negocio es evidente una vez que haz explicado los tres elementos anteriores, pero en la mayoría de las ocasiones deberás explicar cómo va a ingresar el dinero a tu empresa, si será un modelo de suscripción, un modelo de pago único, un modelo de alquiler o cualquier otra alternativa.

La llamada a la acción.

La llamada a la acción es una instrucción clara de cuál debe ser el siguiente paso para participar en el proyecto, si no hacemos una llamada a la acción es probable que aunque el inversor muestre interés no acabe cuajando en nada, ya que dependeremos de su iniciativa para seguir en el proceso y no es que no tenga iniciativa, pero no podemos pretender que una persona ocupada sea quien vaya detrás de nuestro proyecto para invertir.

Por ejemplo, una llamada a la acción podría ser: "si te ha parecido un proyecto interesante sería estupendo pasarme por tu oficina la semana que viene y explicarte más detalladamente nuestros objetivos y como podrías participar"

Puede parecer una llamada a la acción un tanto agresiva, pero te ayudara a discernir entre aquellos inversores que te dicen que tu proyecto es interesante por educación, de aquellos que de verdad están interesados

Ten en cuenta que además de estos consejos que te estoy dando, la presentación que realices juega un papel muy importante, frente al inversor te tienes que mostrar seguro de ti mismo, confiado en tu proyecto, directo y con el discurso bien interiorizado.

Resumen

Habla de tu experiencia, habla de tus fracasos, habla de tu equipo.
Tienes que ser muy claro en cuanto al valor que da tu idea de negocio, muchos emprendedores están tan enamorados de su idea que se olvidan de explicarla de una forma en que todo el mundo la pueda entender, por ejemplo las start-up hablan con tantos tecnicismos que se entienden solo ellos.

Tienes que ser claro en cuanto al valor que ofreces, como resuelves problemas. Tienes que entender que un inversionista escucha de 5 a 20 Pitch cada día.
No trates de ser alguien que no eres, si eres tímido no pasa nada, tú puedes ser tú, eso es lo más importante.

Si tu idea ya está vendiendo, ya tiene tracción, es importante hablar con datos, a los inversionistas les encantan los datos.

El Elevador Pitch perfecto es aquel que en los primeros 30 segundos se gana la confianza de la otra persona, para ello tienes que entender bien cuál es el problema de la otra persona.

¿Puedes ayudarla a crecer?
¿Puedes cambiar la vida de otras personas?

Capítulo 3

Como preparar un Elevator Pitch eficaz

Capítulo 3 - Como preparar un Elevator Pitch eficaz

Cuantas veces te ha pasado de asistir a un evento, un master y sentir pánico cuando te preguntan ¿A qué te dedicas? ¿Qué es lo que haces?
¿De qué va tu marca?

Seguro que si, a todos nos pasa, ¿Como explicarle a un desconocido sin quedarte en blanco, o largar un discurso extenso y aburrido?
Con un buen Elevator Pith, puedes hacer una auto presentación de lujo.
Ya tienes en claro que un Elevator Pitch resume que es lo que haces y porque tú y tu marca o servicio, son los candidatos perfectos para las necesidades de esa persona, no hay segundas oportunidades para primeras impresiones, así que mejor que estés preparado.

¿Como puedes elaborar tu Elevator Pitch?

Primero debes tener en claro para quien estas construyendo tu Elevator Pitch,

¿Para tu cliente ideal?
¿Para otro colega con el que puedes hacer Networking?
¿Alguien que no conoces de nada?

Si lo haces pensando en tu cliente ideal, en vez de generar un discurso genérico, difuso y un poco descafeinado deberás centrarte en atraer la atención de nuestro público potencial, conocer a tu cliente ideal te permite construir un mensaje potente donde transmitas lo que tú y tu marca pueden aportarle a esa persona y cuáles son los beneficios emocionales más allá de los funcionales que van a conseguir si compran tu producto o contratan tus servicios, es decir, se trata de conocer a tu cliente ideal para poder ofrecer una propuesta de valor que le resulte atractiva y excitante, dicho esto, si todavía no sabes quién es tu cliente ideal te recomiendo que leas mis otros libros, visites las redes sociales de Sales Talent Academy o busques nuestro canal de YouTube.

Para poder construir tu Elevator Pitch debes responder estas preguntas:

¿Quién eres? ¿Y qué haces?
¿Cuáles son las necesidades funcionales y emocionales de tu cliente?
¿Como tú marca, servicio o producto les puede ayudar?

Veamos un ejemplo, ¿Quién eres, o que haces?

Soy Carmen y soy diseñadora gráfica, o soy fotógrafa...

Está muy bien, pero sabes cuantas diseñadoras graficas o fotógrafas hay en tu ciudad? Muchas, tantas que a no ser que te diferencies por algo, eres una entre tantas y para evitar esto vamos a especificar un poco más nuestra actividad mencionando nuestra especialización,
Por ejemplo, soy ceramista especialista en vajilla exclusiva para restaurantes o soy diseñadora gráfica para pequeñas empresas, o soy fotógrafa especializada en foto retrato, ¿Se entiende verdad?

¿Cuáles son las necesidades funcionales y emocionales de tu cliente?

Aquí es donde utilizaremos la información de tu análisis de cliente, si aún no sabes quién es tu cliente ideal, utilizaremos el ejemplo de la diseñadora gráfica.

¿Qué necesidades funcionales tiene este cliente? Seguramente necesite alguien para que genere la imagen gráfica de su marca, con su logo, sus tarjetas etc.

¿Y cuáles son las frustraciones emocionales de este cliente?

Lo más probable es que ese cliente sienta que necesita una imagen gráfica para diferenciase de sus competidores, o para demostrar más profesionalidad, o porque con el logo que se hizo hace diez años tiene miedo de que la gente no se tome en serio su marca.

Piensa que las emociones juegan un papel fundamental en la toma de decisiones, necesitamos una solución funcional a un problema, pero cuando pensamos en el para qué y nos metemos en el mundo objetivo de la persona es cuando descubrimos el objetivo real que tiene esa persona o potencial cliente, y es con esto con lo que debemos trabajar. Esto hace años que lo hacen los expertos en Neuromarketing y lo vemos día sí y otro también, sin siquiera ser consientes.

¿Como tú marca, o tus productos o servicios le puede ayudar?

Una vez tenemos detectadas esas necesidades vamos a añadir este ingrediente y transformar esas carencias, en soluciones y beneficios que le resulten convincentes, aquí es cuando hablamos de nuestra propuesta de valor, le explicamos que podemos hacer por él y que beneficio le aportara contratar tus servicios o comprar tus productos, se trata al fin y al cabo de hacerles saber que somos su mejor opción, ¿Pero cómo?

Sigamos con el ejemplo de la diseñadora gráfica, en su presentación podría decir: "Soy diseñadora gráfica, me especializo en diseño para pequeñas emprendedoras y con mis servicios te ayudo a crear una imagen gráfica potente, y eficaz, que no solo te ayudará a diferenciarte de tu competencia sino que además te aportara una imagen profesional con la que atraerás a tu cliente"

Si además puedes añadir algún caso de éxito que te sirva para demostrar que lo que dices es verdad y que realmente funciona, no solo lo estarás convenciendo sino que estarás generando un vínculo más estrecho todavía a través de ganarte su confianza.

Por ejemplo, "He trabajado con Hotmut Hogar y Plantas, que tras rehacer todo su branding hemos conseguido aumentar las visitas a su web y también las conversiones en ventas"

Llegados a este punto solo nos faltaría añadir un llamado a la acción para cerrar el Elevator Pitch, esta call tu action puede ser desde algo tan simple como dar nuestra tarjeta de visita, mientras le invitamos a que nos siga por nuestras redes para que pueda ver muestras de nuestro trabajo, y le pides su mail para enviarle un dossier de presentación de tu empresa.

Muchas veces te dirán, bueno aquí le dices lo que te surja en el momento, porque hay veces que hay personas con las que tienes más feeling y otras que no tanto. Error, tienes que vender bien tu idea o producto todo el tiempo, da igual donde estés o con quien estés, nunca sabes de donde puede salir tu próximo cliente.

En el caso de la diseñadora el Elevator Pitch podría quedar así,

-Hola, soy Raquel y soy diseñadora gráfica, especializada en diseño para pequeñas emprendedoras, con mis servicios ayudo a crear una imagen eficaz y potente para sus negocios, de manera que puedan diferenciarse de su competencia y que además les aporte una imagen profesional con la que atraer a sus clientes, la verdad es que hasta el momento todas mis clientas están muy contentas, he trabajado con Hotmut Hogar y Plantas con quienes tras rehacer su branding hemos incrementado las visitas a su web y también las conversiones en ventas. Por cierto, si quieres que le demos un vistazo a tu página escríbeme, aquí te dejo mi tarjeta, sígueme por Instagram etc.

Déjame tu mail y te enviare un dossier de presentación.

¿Qué te parece? Raquel se ha presentado, ha explicado quien es, que hace, como sus servicios te pueden beneficiar, como puedes hacer para contactar con ella cuando te sea necesario y ha dejado la puerta abierta para enviar su dossier.

Cuando no tienes un Elevator Pitch, te recomiendo empezar por escribirlo como hemos visto en capítulos anteriores, leerlo y releerlo, practícalo para que luzca natural, púlelo, vuélvelo a leer, vuélvelo a practicar, intenta practicarlo frente al espejo varias veces, y cuando ya lo tengas listo y aprendido, lo haremos una vez más.

Capítulo 4

Elevator Pitch para emprendedores

Capítulo 4 - Elevator Pitch para emprendedores

Nuestro Elevator Pitch es un ejercicio de comunicación no solo de oratoria, donde deberemos ser capaces de sintetizar todo lo que es nuestro proyecto de emprendimiento en muy pocas frases, muy bien estudiadas y que capten la atención de nuestro interlocutor, pero que también transmita un mensaje y refleje que somos la solución a las necesidades que como empresa o emprendedores nuestro interlocutor pueda tener.

¿Para qué sirve un Elevator Pitch?

Un Elevator Pitch nos tiene que servir para abrir opciones de colaboración con nuestro interlocutor, puede ser un posible inversor, un proveedor, un cliente, un socio.

Estamos hablando de una comunicación que no es finalista, no cerraremos la venta de nuestro producto o servicio allí, pero sí que nos permitirá pasar de fase, que consiste en tener una reunión posterior para poder explicar en detalle nuestra propuesta , nuestro proyecto o servicio, un buen elevator pitch nos permitirá llegar a esa segunda oportunidad donde podemos ya entregar nuestro dosier explicando nuestra propuesta para que se estudie, o dar a conocer soluciones a un cliente y transmitir cual puede ser nuestro nuevo modelo de negocio que va a revolucionar un sector o un tipo de producto.

¿A quién debe ir dirigido nuestro elevator pitch?

Ahora mismo se utiliza como una pieza de comunicación más en cualquier empresa y como un método de entrenamiento para fijar los argumentos clave que van a definir nuestra comunicación del proyecto empresarial. Pero el Elevator Pitch nace originalmente para dirigirnos a inversores, cuando nos dirigimos al inversor y estamos buscando financiación, hay una serie de conceptos y datos que serán más interesantes para este inversor que para cualquier otro actor del ecosistema.

Pero es tanta su importancia en el mundo empresarial, que hoy en día debemos personalizar nuestro Elevator Pitch para posibles inversores, proveedores, para nuestros clientes, socios estratégicos, en definitiva para el conjunto del ecosistema emprendedor. Hay un Elevator Pitch personalizado para cada uno de ellos, datos que daremos o un posible inversor no los utilizaremos obviamente para un Pitch con un posible cliente.

¿Qué características debe tener nuestro Elevator Pitch?

Nuestro Elevator Pitch tiene que ser claro y sencillo, que capte la atención de neutro interlocutor en muy pocas palabras muy bien estudiadas.

Debe ser consistente.

Tenemos que probar nuestro argumento antes de hacer nuestra versión final de Elevator Pitch, debemos contárselo a diferentes personas, en diferentes canales y testar muy bien que nuestros argumentos tienen la fuerza suficiente para ser consistente.

Transmitir pasión.

Transmitir pasión es fundamental, porque eso hace que un mensaje de comunicación influya sobre los demás, se integre dentro de su persona y al final nos haga más influyente a la hora de comunicar, por eso debemos integrar siempre la pasión en nuestros mensajes.

Debemos captar la atención de nuestros interlocutores.

Hay muchísima información, demasiada tal vez y tenemos que conseguir que se queden con la nuestra, que se fijen en nuestro mensaje.

Debemos tener un objetivo concreto para nuestro Elevator Pitch.

Eso hará que nos focalicemos en conseguir nuestro objetivo, en contarle a nuestro interlocutor cuales son las necesidades que le vamos a resolver.

El Elevator Pitch es un discurso muy corto de entre 30 y 60 segundos que vamos a realizar en un momento inesperado, acabamos de conocerle en una reunión, nos lo han presentado en un ascensor, o escaleras abajo y no queremos perder esta oportunidad de lograr un segundo encuentro formal, donde podamos explicarle en detalle nuestro producto o servicio.

¿Pero cómo logramos en ese instante de sorpresa, aprovechar la casualidad del momento para lograr que nos dé una entrevista?

Con un buen Elevator Pitch que debemos tener previamente preparado, nunca sabemos dónde o cómo podemos conocer a nuestro nuevo mejor cliente.

Para lograr un buen Elevator Pitch debemos tener en cuenta sus ocho partes fundamentales, desarrollarlas, comprimirlas y ser capaces de recordarlas perfectamente para no perder nuestra oportunidad.

Primero, captar la atención de nuestro interlocutor.

Lo ideal para captar la atención de nuestro interlocutor es empezar con preguntas que llamen su atención, o con frases positivas que despierten su interés y curiosidad.

Segundo, preséntate tú y presenta a tu proyecto.

Esto es fundamental, que la persona que está con nosotros en ese ascensor sepa de que le estamos hablando, quienes somos y porque le estamos contando nuestro proyecto con nuestro Elevator Pitch.

Tercero, Que necesidad vamos a resolver con nuestro proyecto? Que dolor queremos curar?

Cuarto, como vamos a solucionar esas necesidades, como vamos a resolver el problema para el mercado.

En quinto lugar, que beneficios aportara a la sociedad tu proyecto empresarial.

En sexto lugar, ¿Qué diferencia tu proyecto del resto? Esta es una parte muy importante de tu Elevator Pitch.

Séptimo, ¿Que necesitas de tu interlocutor? piensa que lo hemos encontrado en el ascensor o escaleras abajo, o te lo han presentado en una reunión familiar, y tienes pocos segundos para decirle tu Elevator Pitch y el motivo por el cual quieres presentarle tu proyecto.

Octavo, llamada a la acción.

Tenemos que decirle a nuestro interlocutor cual será el siguiente paso, si queremos una reunión, si queremos hacerle llegar un dosier de nuestro proyecto, lo que necesitemos de él. Hay que hacer una llamada a la acción.

¿Como preparamos nuestro Elevator Pitch?

Vamos a preparar nuestro Elevator Pitch cumpliendo con estos pasos:

Primero identifica a tus posibles interlocutores, no es lo mismo hacer un Elevator Pitch para un inversor que para un socio estratégico, que para un cliente, que para un proveedor. Cuanta más información tengas de tu interlocutor mejor podrás personalizar tu Elevator Pitch

En segundo lugar, crear un buen guion para tu Elevator Pich, como hemos visto tenemos que comprimir mucha información en muy poco tiempo, hay que estudiar muy bien los argumentos para conseguir en muy poco tiempo persuadir a nuestro interlocutor, por eso es fundamental que crees un buen guion.

No hay mejor improvisación que la que está perfectamente ensayada y trabajada así que a trabajar ese discurso ¡hasta que te salga perfecto!

Trabaja las emociones, el Elevator Pitch debe tener emociones sino no serás capaz de transmitir así que te recomiendo que cuando estés ensayando aún, pienses, recuerdes experiencias en las que hayas tenido esa emoción que quieres transmitir y las pongas en tu discurso, eso te ayudara a que cuando tengas perfectamente estudiado tu discurso esas emociones trasciendan tu Elevator Pitch. Personaliza tú Elevator Pitch a tu interlocutor, ya no tanto al objetivo, sí estamos hablando con un inversor sino a la persona concreta, toda la información qué conozcamos de esta persona nos puede ser muy útil para hacer un Elevator Pitch a medida.

Prioriza tus objetivos, no te pierdas en bonitas palabras, en argumentos que no tienen fin, ve al objetivo, a qué es lo que quieres conseguir con tu Elevator Pitch.

Capítulo 5

Aprende a vender lo que vales en 60 segundos

Capítulo 5 - Aprende a vender lo que vales en 60 segundos

Uno de los límites que nos fijamos nosotros es al momento de comunicar, ya que nos ponemos muchas trabas. Nos falta manejar correctamente la comunicación para saber vendernos mejor.

Hay que saber venderse, y hay que saber hacerlo en muy poco tiempo porque la forma de comunicar también ha cambiado, antes los discursos duraban mucho más, lo que presentaba la gente no lo presentaban como ahora, todo ha cambiado y todo viene importado de la mano del marketing, los mensajes cada vez son más claros, más cortos, más directos, la gente está acostumbrada a ver los mensajes que llegan a través de internet, navegan por la red con mucha rapidez, por lo cual debemos cambiar el chip o nos quedamos fuera porque no sabemos vendernos.

Hay muchos emprendedores con muy buenas ideas que no saben vender su proyecto, y otros emprendedores con proyectos no tan buenos qué saben venderse muy bien y tiene mejores resultados. ¿Esto te parece injusto? ¿Por qué? Hay que saber venderse, puede ser mejor, otro puede ser peor, pero si el que es peor se vende mejor y nos hacen ver a los demás lo que el otro al presentar su idea no nos ha hecho ver, ¿Quién debe llevarse el éxito?

La comunicación es una herramienta fundamental que nos ayudará muchísimo no sólo a nivel laboral, sino también en lo personal y lo veremos a lo largo de este libro. Si comunicas mejor te abrirás más puertas, en la escuela nos enseñan, a escribir, escuchar, a leer, pero no nos enseñan a comunicar, Y ahí está la diferencia, cuando tú sales como profesional a venderte, a vender tu idea, tu proyecto o simplemente buscar trabajo, si no lo sabes contar es como si no lo supieras, pero muchas veces no sabemos qué queremos contar.

Después de estar en el mundo comercial durante más de 15 años he llegado a la conclusión que muchos profesionales no saben siquiera que tienen que contar, para poder comunicar hay que saber que decir, se sientan ante un papel, están delante de una persona que acaban de conocer, les han presentado por casualidad a alguien que podría ser el cliente de sus sueños, el socio de su vida, el inversor que necesitan y lo único que se le ocurre a ese profesional es empezar a hablar, hablar y hablar sin ningún fundamento y se van por las ramas saltando de un tema a otro, por aquí y por allá, sin ir al grano y sin aprovechar esa única oportunidad, y esto si no lo aprendemos ahora, no llegaremos como profesionales a ningún sitio.

Vamos con otro ejemplo,
Conoces al inversor de tus sueños, tienes 60 segundos o lo que es lo mismo 17 líneas, 60 segundos para convencer.
¿Qué le contarías? te irías por los cerros o irías al grano? ¿Contarías lo fundamental? ¿Cómo sabes que eso es lo fundamental?

La comunicación no verbal es muy importante a la hora de comunicar, sonreír, como movernos, cómo comunicamos un texto de una forma eficaz que te sirva para ahorrar tiempo al escribirlo, y para lograr los objetivos.

Cuánto vales, ¿Sabes cuánto vales?

Piénsalo, ¿Tú cuánto crees que vales? ¿no lo sabes? ¿Mucho? ¿Cuánto es eso? ¿Cómo se lo dices a esa persona que te está escuchando para que te contrate, o queremos que invierta en nuestra idea? te pueden presentar a alguien que puede cambiar tu futuro comercial o laboral, y en 60 segundos tienes que ser capaz de conseguir tu objetivo y tu objetivo es que esa persona te conceda una cita, ciérrala, no le digas tenga mi tarjeta, llámame, por qué no te va a llamar. ¿Y si no te atreves?

Hay que tener energía y positividad, a la hora de comunicar debes tener autoestima y energía positiva, si tú vas como un alma en pena se lo dices con los gestos, eso no sirve para nada, para eso quédate en casa, pero si quieres conseguir cualquier cosa, tienes que salir a pelear a donde sea. La vida es así.

¿Cuánto vales? por favor piénsalo, coge una hoja de papel y escribe tres adjetivos, tres valores que coincidan con tu idea o proyecto y que coincidan contigo.

¿Cuál es tu punto fuerte?

Ya no vale ir a una entrevista laboral y decir que eres ingeniero y qué has estudiado en tal Universidad, los tiempos han cambiado, la forma de comunicar ha cambiado y la forma de vendernos también ha cambiado. Tienes que adaptarte, eso solo son los conocimientos que tienes, tienes que sumarle tus habilidades, si le sumas las habilidades más tu actitud, te sale lo que vales.

La actitud se comunica con la comunicación verbal y con la paraverbal qué es el tono que le doy a la voz, tienes que creer en ti, ser honesto y ser capaz de vender tus principales virtudes.
Tienes que demostrar qué tienes preparado tu proyecto, si eres emprendedor tienes que poder defender las preguntas que te haga un posible inversor, debes tener muy claro qué quieres contar y de qué va tu proyecto en tres ideas.

Tienes que ser capaz de soltar tus tres ideas en cualquier momento, ten en cuenta quién es tu interlocutor, no se lo puedes contar igual a todos, debes tener en cuenta que quieres contar, a quién y con qué objetivo. No es lo mismo estar frente a un grupo de inversores, en una entrevista laboral, o con un docente universitario.

Tu objetivo a la hora de realizar tu Elevator Pitch es que tú interlocutor quiera saber más, no que se aburra de ti y te diga hasta la próxima, sé breve, directo, ten paciencia, pon pasión, demuestra que tienes ganas.
Busca la oportunidad, las oportunidades surgen para quien las busca, pero tienes que aprovechar la oportunidad.
No pierdas la posibilidad de preguntar, pero debes hacer buenas preguntas. Busca la oportunidad y aprovéchala, ten creatividad, si utilizas la creatividad captarás la atención y hasta podrás emocionar y movilizar, conecta todo lo que vales de una forma ingeniosa, que quién te escuche diga quiero saber más de esta persona, o de este proyecto, a veces es cuestión de un detalle.

Los siete primeros segundos de tu Elevator Pitch son fundamentales, según la Universidad de Nueva York en siete segundos se enjuician hasta siete elementos de nuestro discurso ¿Y a que nos da tiempo en 7 segundos? solo a saludar.

Desarrolla tus habilidades comunicativas, trabaja el tono de tu voz, utiliza una voz clara, qué comunique, qué apasione, habla siempre en lenguaje positivo, nunca utilices para tu Pitch frases negativas, domina el silencio de los demás, es muy importante a la hora de comunicar, ponte en el lugar del otro, aprende a escuchar, gánate la credibilidad, la confianza y triunfarás.

A la hora de comunicar el lenguaje que construimos es un 7%, lo que decimos es un 7%, el 38% es el cómo lo decimos con la voz, si le ponemos pasión o no, cómo entonamos, que volumen utilizamos, qué intensidad, que ritmo, el 55% es lenguaje corporal, si te quedas estático, paralizado a la hora de comunicar, como si estarías congelado, hay algo que estás comunicando que no llegará, muévete con naturalidad, tenlo previsto, todo comunica, desde la forma de vestir y de peinarse hasta la forma de hablar y de moverse.

En siete segundos no tienes tiempo ni de abrir la boca, ten en cuenta todas tus habilidades a la hora decir tu Elevator Pitch que son: tu postura, la forma de mover las manos, la mirada es fundamental, tienes que mover las manos, controla el espacio que te rodea, todo comunica, comunicamos más de lo que pensamos.

Capta la atención desde el principio, prepárate, entrénate, practica tu Elevator Pitch, observa los rostros de tus interlocutores, esto también te permitirá mejorar para una próxima vez.

Para venderte en 60 segundos tienes que ser tú, no es solo decir: "Hola soy Raquel, y soy diseñadora gráfica" Si al presentarte eres una más, serás una menos.

Capítulo 6

Adapta tu Elevator Pitch a cada situación

Capítulo 6 - Adapta tu Elevator Pitch a cada situación

En este capítulo veremos ejemplos, un tanto exagerados, ejemplos de cómo crear y adaptar tu Elevator Pitch. a cada situación.

Imagina que te memorizas tu Elevator Pitch, y lo sueltas en un evento sin dejar hablar a la otra persona, o esa persona te interrumpe y pierdes el hilo. Es por ello por lo que es tan importante que interiorices tu discurso, lo leas muchas veces, los aprendas, pero ten en cuenta que no se trata de aprenderlo de memoria frente al espejo, ir y soltarlo en una reunión comercial y creer que vas a vender o lograr una entrevista.

Aquí veremos un ejercicio como si estaríamos hablando con tres tipos de interlocutores distintos, para que puedas ver las diferencias y como adaptar tu Elevator Pitch a cada situación.

Ejemplo de Elevator Pitch con un empresario que no nos conoce de nada y acaban de presentarnos.

Hola, soy Raquel Diaz, soy publicista especializada en el medio online, ayudo a empresas a conseguir vender más a través de los textos, sobre todo en consultoría y auditoria, también ofrecemos servicio de redacción. Tengo un equipo que trabaja conmigo hace tres años, me gusta mucho ver los resultados, que las empresas vean que invierten dinero en internet y que tienen un retorno de inversión en su página web, redes sociales y mediante un buen texto conseguir con las campañas de marketing más clientes, la idea es fidelizar clientes.
¿Tienes una tarjeta? ¿Este es tu mail personal? Te voy a enviar un material que te va a encantar, así seguimos en contacto. ¡Hasta la próxima!

Ejemplo de Elevator Pitch con un cliente que busca un mentor.

Hola, soy Raquel Diaz, ¿A qué te dedicas? ¿Eres Coach? ¡Yo también! ¿Estas especializado? Yo estuve hace tiempo en el sector moda lujo, turismo, pero ahora me dedico a Consultoría, mentoría, formación in company y conferencias.

¿Trabajas freelance o en empresa? En empresa, ¿Te interesaría el modelo de negocio que tengo? ¿Con marca personal etc.?

Me dedico a ayudar a otros profesionales como yo, que quieran pasar al siguiente nivel, puedo ayudarte a nivel técnico, a nivel bloqueos personales, ¿Quizás te interese? Yo doy esas formaciones, duran tres meses, son totalmente individuales, puedo ayudarte a captar nuevos clientes.

Te dejo mi tarjeta, y déjame tu mail que te envió información sobre las mentorías…

Ejemplo de Elevator Pitch ante un equipo de trabajo con la que puedo llegar a colaborar

Hola, soy Raquel, me ha encantado esta conferencia, ¿Trabajas para esta agencia? Mira, yo colaboro mucho con agencias, ¿Que cuentas tienes a cargo, en qué sector? ¿En moda? He trabajado muchos años llevando moda, trabajando para …y llevando cuentas, temas más de lujo, moda y belleza, ¡Que interesante!

Ahora me especializo más en consultoría y capacitación in company, pero tengo un equipo muy bueno y seguramente podríamos hacer algo juntos, si necesitas un apoyo para generar contenido o tema anuncios y redes sociales, lo que necesites, me encanta, ¿Tienes una tarjeta para dejarme?

Te enviaré ahora mismo un dossier…

Podríamos haber comenzado el ejemplo diciendo: -Hola, soy Raquel Diaz y me dedico a tal... y te puedo ayudar en…soy distinta a mi competencia por…y podemos encontrarnos en…o en tal correo …o tal teléfono …pero eso es lo que hemos visto en los capítulos anteriores y ahora lo que quería es que vieras que dependiendo del tipo de interlocutor al que te vas a dirigir tendrás que hablar de una manera o de otra, y tendrás una necesidad u otra.

Lo que no puedes hacer es recitar tú mismo Elevator Pitch como un loro a todo el mundo por igual, quien eres, que haces y porque te tienen que contratar o comprar, porque te aseguro que si ven tu desesperación, no lo harán.

Sirve tener por escrito ese Elevator Pitch para identificar cuáles son las ideas principales, y luego poder transmitirlas y adaptarlas dependiendo del público.

Capítulo 7

¿Como convencer a los demás de lo que sea?

Capítulo 7 - ¿Como convencer a los demás de lo que sea?

Para convencer hay que inspirar confianza, y la gente confía en aquello que le cae bien. ¿Quién nos suele caer bien? La gente que se parece en algún punto a nosotros. Antes de decir tu Elevator Pitch relájate, concéntrate en la otra persona, mírala cuando habla donde y como gesticula.

Para convencer a alguien gesticula como él y sigue su ritmo, y con esto me refiero a "como él" y no "igual que él"

De esta forma convences al otro de que compartes su mundo imaginario y de que te pareces a él. Puedes hacer la técnica de los gestos, también ten en cuenta que es más fácil convencer durante una comida o un café, no pierdas ese momento inesperado para acercarte a esa persona, que también va por un café en el receso de una reunión y aprovechar para presentarte.

Si estas sentado en una mesa, ¿A quién miraran más?
A quien está en el centro. Esto se llama efecto centro del escenario y significa que si te pones en el centro tendrás más posibilidades de influir en los demás.

Otra técnica maravillosa es la del ¡sí, sí, sí!
En los años 50 había un libro muy conocido titulado "Como ganar amigos e influir sobre las personas" de Dale Carnegie, él decía que si conseguías que alguien respondiera afirmativamente a una serie de preguntas que le haces luego será más fácil que esté de acuerdo contigo y esto los psicólogos lo han corroborado a lo largo de los años, si quieres convencer a alguien de algo, intenta empezar la conversación con esa persona con al menos dos preguntas a las que te respondan que sí, o la respuesta sea afirmativa.

Por ejemplo, ¿Que tal estas Ricardo?
Esta conferencia me ha gustado mucho, ¿Y a ti?

Persuade con tu voz.
La voz es un factor decisivo, y se debe a que las cualidades de la voz bien combinadas hacen maravillas, básicamente porque es el vehículo transmisor del mensaje. El problema es que si no la utilizas correctamente el mensaje no llega correctamente.

Tienes que manejar tu voz, para que el mensaje llegue, para persuadir y ser creíble. La voz tiene 4 cualidades, la intensidad, el tono, el timbre y la duración.

La intensidad es el volumen de nuestra voz, si hablas bajo o alto depende de tu respiración, la respiración es la base de nuestra voz y la intensidad no es más que la fuerza con la que lanzamos el aire a las cuerdas vocales.

Si la fuerza de tu voz es baja, el resultado será una diferencia perceptiva entre tu mensaje y tu interlocutor, si yo quiero parecer creíble ¿Que intensidad crees que deberé utilizar?

La voz refleja nuestra personalidad y nuestro estado de ánimo, las personas introvertidas tienden a tener una intensidad baja, si quiero parecer creíble esa no es la intensidad que debo utilizar para mi Elevator Pitch, deberé utilizar una intensidad enérgica, que se escuche bien, que no es lo mismo que gritar. Estamos hablando de intensidad enérgica, no de grito.

El tono de tu voz dependerá de tus cuerdas vocales, nosotros no hablamos con un solo tono de voz, utilizamos una gama de tonos cuando hablamos. Si subimos el tono de voz o lo bajamos allí también hay una diferencia perceptiva.
Si queremos ser más creíbles los estudios demuestran que debemos utilizar un tono grave en vez de agudo, por eso muchos profesionales y políticos entrenan su voz. La entonación es determinante, no puedes ser monótono cuando hablas, sino nadie querrá escucharte, para modificar la monotonía de tu voz intenta comenzar las frases con un tono agudo y acabar en grave. Lo que nunca debes hacer cuando hablas en público es hablar "cantando" porque tus frases quedaran un tono arriba y eso no suena creíble.

El timbre de voz está determinado por la apertura de tu boca al hablar, es importante calentar los músculos de la cara antes de hablar, si tienes la oportunidad practica varias sonrisas de esas intensas antes de decir tu Elevator Pitch, otro pequeño ejercicio muy eficaz es decir en voz alta las vocales de atrás para adelante: "u o i e a" un par de veces, veras que este pequeño ejercicio te ayudará a vocalizar, y tu voz sonará mucho mejor.

La duración, los estudios realizados demuestran que las personas que tienden a hablar un poco más rápido de lo normal son percibidas como más inteligentes, más dinámicas y extrovertidas, pero estamos hablando de un poco más rápido de lo habitual, sin exagerar.

El mejor consejo que te puedo dar es que cambies la velocidad de tu voz mientras dices tu Elevator Pitch, lo más importante se dice más lento, todo lo que no sea la idea principal se puede decir más rápido, ese contraste es lo que provocara que mi interlocutor preste más atención y le ayudara a comprender.

Ten en cuenta que la sonrisa es muy perceptible, practica tu Elevator Pitch frente al espejo con gestos corporales incluidos y variantes de voz, cuida tu entonación, tu velocidad al hablar, tu vocalización. La voz es el instrumento más importante que tenemos para comunicar, es el que tiene más influencia para que seamos percibidos como competentes y como creíbles, es un factor absolutamente persuasivo.

Resumiendo

Para convencer a los demás, es importante caerles bien, intenta gesticular de la misma manera que tu interlocutor, habla a su ritmo, y con su mismo tono de voz.

Si es una reunión entre varias personas, intenta sentarte al centro de la mesa, si tienes la oportunidad de compartir un café mejor, la cafeína es un gran aliado.

Entabla una conversación haciendo preguntas a las que tu interlocutor deba responderte que sí, o darte una respuesta afirmativa y positiva.

Capítulo 8

Como tener la atención y persuadir a tu público

Capítulo 8 - Como tener la atención y persuadir a tu público

Como hemos visto anteriormente, es muy importante que entendamos que la oratoria es una excelente herramienta para vender tú emprendimiento, tu servicio o para vender tu idea dentro de una empresa.

Muchos emprendedores creen que no necesitan manejar la oratoria porque nunca se subirán a un escenario ni hablaran delante de mucha gente, probablemente el 98% de la gente en todo el mundo nunca se sube a un escenario para hablar en público, pero lo que hay que entender es que la Neuro oratoria o la oratoria en general sirve para más que eso, sirve para saber vender tus ideas y se vuelve muy importante saber hablar frente a los demás.

En este capítulo veremos más en detalle algunos principios de persuasión que debes tener en cuenta al momento de presentar tú Elevator Pitch:

1. Entonación.

Cuando hablamos con amigos o con nuestro jefe ¿Siempre hablas con el mismo tono de voz? Cuando tú estás solo frente a un grupo de empresarios, o posibles inversores, o ante un equipo humano dentro de una empresa, no puedes manejar el mismo tono de voz. Cuando hablo del tono de voz hay dos cosas importantes a tener en cuenta, una es el tono más la velocidad, cuando estás hablando con un amigo y tienes algo muy importante que contarle sueles hablar muy rápido porque estás muy entusiasmado y necesitas contarle lo ocurrido cuanto antes, pero cuando estás hablando con tu jefe no estás subiendo y bajando los tonos de voz constantemente, es importante que sepas cómo jugar con tus tonos de voz, para saber vender tu idea, producto o servicio debes manejar la oratoria como un profesional.

El cerebro se conecta profundamente no sólo con la velocidad sino con la entonación de la voz y es importante que entiendas que cuando tú quieres acentuar el concepto de aquello que estás diciendo, tienes que subir la voz y otras veces bajarla, Gracias a la PNL tú puedes hablar despacio, tranquilo, mezclándolo con la velocidad de tu voz y lograrás ser mejor orador, sólo por saber cuándo cambiar los tonos de voz y la velocidad.

El tono de voz no tiene que ser todo el tiempo lineal y dependiendo los temas ir cambiando el tono y la velocidad, Eso unido a un buen Elevator Pitch te permitirá lograr toda la atención, durante tu Elevator Pitch habrá momentos donde deberás parar, reducir la velocidad de tu voz, para volver a subir y volver a parar el ritmo.

Dependiendo la cantidad de personas a quienes te estés dirigiendo, y de la importancia del tema, deberás aumentar la intensidad de tu voz o hablar más bajo. No es lo mismo hablar frente a 4 compañeros de trabajo a quienes quieres vender la idea del nuevo proyecto que cambiara la estrategia comercial, que si estas frente a un posible socio o inversor.

2. Tu cuerpo.

Las palabras tienen menos poder que la entonación de la voz, pero tiene más fuerza como entonas las palabras y como utilizas tu cuerpo. El cómo manejas tu cuerpo y como gesticulas es muy poderoso a la hora de generar una comunicación. Si quiero reforzar mi Elevator Pitch debo darle potencia acompañando mi mensaje con el cuerpo, como ya está demostrado el 51% de una buena comunicación es el cuerpo.

Tienes que comprender el poder de utilizar las manos, si estas frente a una audiencia, en un escenario y te dan un micrófono de mano te están anulando el 25% de tu cuerpo, intenta no tener las manos ocupadas con objetos al momento de hablar para no perder espontaneidad y naturalidad. El movimiento conecta al cerebro.

3. Tu ropa.

Técnicamente el negro es un color muy importante al momento de dar una conferencia.

Se trata de un color muy poderoso, se ha demostrado dentro de la Neurociencia que el cerebro está constantemente buscando las rayas, los colores, los logotipos de la camisa de un conferenciante, evita los estampados para ponerte frente a una audiencia, de esta forma te asegurarás de que el cerebro de quien te escucha pone el 100% de atención a tu mensaje y a tus manos.

Cuando des tu Elevator Pitch, si decides vestir de negro o un color liso monocromático, veraz que resaltara la expresión de tu cara. Utiliza colores sólidos para que tus manos resalten, el cerebro se conecta con el contraste, en términos de comunicación y oratoria el cerebro ama el color, pero colores neutros.

4. El tiempo.

Practica tu Elevator Pitch midiendo tu tiempo, recuerda que sueles tener solo 60 segundos.

5. Tu estilo.

Siempre hazte la pregunta, ¿Que tan autentico eres? ¿Dónde está tu autenticidad?

Se autentico, no copies, busca tu propio estilo. El buen humor es clave, cuida las palabras, tienes que cuidar las formas pero con autenticidad, cuando tú dices algo gracioso el cerebro se conecta y se oxigena, haz reír a la gente, pon un toque personal, pero hazlo con estilo, si no te sale natural no lo hagas. En estos tiempos la audiencia quiere gente real, cuando estas frente a tu audiencia si te equivocas dilo, quien te escuche lo valorará. Cuanto más te pongas al nivel de quien te escucha, te volverás más real para tus interlocutores.

Busca ser original, claro, conciso y directo. Se ante todo practico, de lo contrario el cerebro se duerme, haz que te recuerden.

6. Tu credibilidad es fundamental.

Da prueba a tu audiencia de tus éxitos, testimonios, demuestra los medios en los que te han entrevistado, ¿Escribiste un libro? ¿Tienes un blog? Para tener la credibilidad de tu audiencia necesitas arrojar pruebas, demuéstralas.

7. Aprende a expresarte.

Tienes que aprender a hablar, tener tu autoestima alta, domina tu tema, preocúpate de ti, de mover tus tonos de voz, preocúpate de tener un buen Elevator Pitch que la gente ame, tienes que llamar la atención con tu persona, generar emociones positivas y dejar como mensaje que quien te escucha te necesita en su equipo, en su empresa, con tus servicios o productos.

Capítulo 9

Pasos para elaborar un Elevator Pitch atractivo de tu empresa o servicio

Capítulo 9 – Pasos para elaborar un Elevator Pitch atractivo de tu empresa o servicio

Para elaborar un pitch atractivo debes seguir los siguientes pasos

1-Quien eres y tu cargo.
2-Una frase breve y concisa que defina tu modelo de negocio.
3-Que valores añadidos das respecto a posibles competidores que hacen lo mismo.
4-Que beneficios puedes dar a tu interlocutor. Recuerda que no compramos las cosas por lo que son, sino por lo que estas hacen de nosotros.
5-Despedida llamando a la acción para volver a estar en contacto.

Ten en cuenta que el consumidor tiene tanta oferta donde escoger en los mercados actuales, que tan importante es ser bueno como parecerlo, tú puedes decir que tienes una tienda de plantas en una pequeña calle de Barcelona, o que eres el director general de un negocio Retail minorista dedicado al Paisajismo, Hogar y Plantas de alto standing en una de las calles más emblemáticas de Barcelona.

¿Como quieres que te vean? ¡Tú decides!

Conclusión

Muchas veces tenemos tanta pasión por lo que hacemos que no medimos ni el tiempo de lo que decimos, ni encontramos las palabras, y cuando tenemos la posibilidad de transmitir quienes somos y que hacemos, puede que nos quedemos en blanco, es por ello por lo que cuando llega ese momento clave tienes que estar preparado.

Según Bloomberg, las 50 empresas más fuertes del mundo buscan al momento de contratar personal clave habilidades de comunicación, saber comunicar es una de las herramientas más poderosas y un factor clave no solo para vender tu idea o proyecto, sino también para vender tu Curriculum para un puesto de trabajo.

Si te encuentras a ese prospecto que podría cambiar tu vida, y logras hablarle, ¿Que podría pasar con tu carrera o tu negocio?

O quizás no buscas prospectos porque no te sientes cómodo tratando con las grandes ligas, lo que se contrapone con tus sueños.

Debes creer en ti, y en tus capacidades, si logras esto lograras tener una buena comunicación, y enganchar con tu Elevator Pitch a las personas, tendrás ese brillo que solo algunos tienen.

Para finalizar me gustaría hacer un último ejercicio y que respondieras a estas preguntas. Estas preguntas tienen la finalidad de ver si estas alineado con lo que hay en tu mente, lo que haces y con tu corazón.

A nivel laboral:

En lo profesional, disfrutas mucho y el tiempo vuela. ¿Cuándo...?
Pon lo que venga a tu mente.
La gente me reconoce como alguien que: ... (en lo profesional)
Me considero muy bueno en: ...
Siempre hablo sin cansarme de: ...

Ahora piensa en dos palabras que describen tu personalidad al momento de expresarte, cuando hablas con los demás, ¿Como eres? Sincero, seguro, apasionado, honesto etc.

En lo personal:

Siempre hablo sin cansarme de: …
¿Cuál es el verbo que te conecta con tu profesión y te inspira?

Ahora quiero que digas en voz alta, mi verbo es…. porque mi pasión es … (di cuál es tu pasión)

Los errores al momento de comunicar, generalmente se deben a que no sabemos escuchar, estamos tan centrados en nosotros que no escuchamos, estamos pensando en lo que vamos a decir en lugar de prestar atención a lo que nos rodea. Para ser un buen negociador hay que saber escuchar con atención, porque los demás te están diciendo palabras muy valiosas que tienen que ver con su personalidad por lo tanto se está generando un ambiente ideal para cuando des tu Elevator Pitch, escuchar es la clave.

Tienes que saber estructurar tu mensaje, ¿Que tan bueno o buena eres estructurando tus mensajes? Sabes cuánto vale que tu prospecto este prestando atención a lo que dices?

Si no tienes una presentación de impacto, es que no tienes una buena estructura en tu mensaje, cuando das mucha información corremos el riesgo de perder el foco, la idea que quieres transmitir tiene que cautivar, para cautivar es importante que hables de tu visión, mucha gene no está alineada con su visión.

¿Cuál es tu visión? ¿La visión clara que tienes con respecto a tu producto? ¿Tu negocio? ¿Tu idea? Escríbela, se explicitó, no vale decir quiero conquistar el mundo, cuando más clara mejor lo podrás transmitir.

Si ya tienes tu visión, ahora escribe tres beneficios claros que tendría tu cliente, prospecto o empresario si decide trabajar contigo. ¿Qué le ofreces? ¿Qué le garantizas? La desesperación por vender genera rechazo y desconfianza. ¿Cuántas veces ofrecemos inconscientemente nuestros productos, ideas y servicios de esa manera y perdemos oportunidades?

Ahora escribe cuales serían los tres factores negativos que le pasarían a los clientes o prospectos si no trabajan contigo.

Si coges tu visión, y le sumas los tres beneficios que le darías a tu cliente y cierras hablando con los tres factores negativos a los que tendría que enfrentarse, ¿Qué crees que pasaría? Te vuelves más atractivo para tu audiencia, pero siempre cuidando la autoestima de tu cliente potencial. Visión + puntos a favor + factores negativos. Está es una buena forma de empezar a estructurar y practicar, te dará certeza de que tienes algo bueno y empezarás a hablar con más soltura. Cuando hablas con soltura tienes más atracción, con la certeza de que lo que tienes los ayudará, y si no te contratan se pierden de algo bueno.

Tenemos que anticiparnos a la resistencia, no es solo dar lo mejor, hay que anticiparnos por medio del mensaje a los factores a los que podrían tener resistencia nuestros potenciales clientes, argumentos lógicos por los cuales esa persona podría no participar de tu proyecto, luego piensa en los factores emocionales que llevarían a no darte la oportunidad de otorgarte una entrevista.

¿Argumentos emocionales?
¿Argumentos financieros?
¿Argumentos geográficos?

Elementos fundamentales de tu expresión oral y no verbal:

¿Qué vas a hacer en los próximos 5 años de tu vida?
¿Y en los próximos 10 años de tu vida?
Por favor, responde sin pensar demasiado,

Intenta grabarte, te sorprenderás de todas las palabras que utilizas para decir tres frases, ehhh, este, bueno, me gustaría, creo, tal vez etc.
Tenemos miedo al silencio, y utilizamos palabras para rellenar sin decir nada, cuando no vamos al grano y decimos palabras sin sentido, lo único que hacen es destruir nuestro mensaje. ¿Cuál podría ser la solución?
Escribe tu Elevator Pitch y practícalo, es la única forma en que ganaras seguridad. El silencio controlado de tus palabras, el evitar los: "este" "bueno" ehhh, "como estaba diciendo", el silencio controlado te hace ver profesional, cometemos el error de creer que si continúo hablando no perderé la atención de los demás.
El silencio controlado, y una buena variación de volumen de la voz al hablar pueden impactar en nuestro Elevator Pitch.
Pausa, tono, conexión con la mirada de mi prospecto, las miradas dicen mucho.

El secreto más grande a la hora de negociar: ante cualquier pregunta, detente a pensar antes de contestar. Piensa primero, gestiona mentalmente y habla, date una pausa antes de dar una respuesta. Las pausas deben ser parte de tu estrategia, si hablas rápido aun con más razón. Las pausas captan la atención de los demás ¡y no podrás fallar!

¡Te deseo que puedas dar el mejor Elevator Pitch del que seas capaz!

¡Hasta la próxima!

¡Tu opinión es importante!

Estaremos encantados de recibir tus comentarios en:

salestalentcontacto@gmail.com
www.salestalentacademyweb.com

O puedes visitarnos en:

Otros títulos de la misma autora:

Retail Coaching para tiendas de Éxito!
Descubre los factores claves para lograr el cambio en las ventas. – Daniela Fiori Lehr – Amazon

Entrena tu mente para Vender
Con el Coaching Motivacional el éxito nunca fue tan fácil! - Daniela Fiori Lehr - Amazon

Aprende a vender por Internet
Como vender por WhatsApp, Facebook, Instagram, Pinterest y Chat Marketing - Daniela Fiori Lehr – Amazon
Coaching para Emprendedores

Storytelling: ¿Cómo contar buenas historias para vender?
Aprende las claves del Storytelling, cautiva a tu audiencia y genera más ventas - Daniela Fiori Lehr - Amazon

www.ingramcontent.com/pod-product-compliance
Lightning Source LLC
Chambersburg PA
CBHW071416210526
45465CB00001B/409